AF252712

LA
CENTRALISATION ADMINISTRATIVE

ET

L'ADMINISTRATION

DES

ASILES D'ALIÉNÉS

PAR

le Dr H. BELLOC (D'AUXERRE)

Ex-directeur-médecin des Asiles de la Haute-Marne, d'Ille-et-Vilaine
membre de la Société médico-psychologique,
président de la Société médicale de l'Orne, secrétaire du Conseil d'hygiène,
chevalier de la Légion d'honneur.

———

Extrait du *MONITEUR DE LA POLICLINIQUE*
(*Le Médecin*)

PRIX : 1 Franc

PARIS

E. DENTU, LIBRAIRE-ÉDITEUR
Palais-Royal, galerie d'Orléans, 15, 17, 19

Et aux bureaux du MÉDECIN, 61, rue de Lafayette.

———

1878

LA

CENTRALISATION ADMINISTRATIVE

ET L'ADMINISTRATION

DES ASILES D'ALIÉNÉS

8° R
1033

Paris. — Alcan-Lévy, imprimeur breveté, 61, rue de Lafayette

LA
CENTRALISATION ADMINISTRATIVE

ET

L'ADMINISTRATION

DES

ASILES D'ALIÉNÉS

PAR

le Dr H. BELLOC (D'AUXERRE)

Ex-directeur-médecin des Asiles de la Haute-Marne, d'Ille-et-Vilaine
membre de la Société médico-psychologique,
Président de la Société médicale de l'Orne, secrétaire du Conseil d'hygiène,
chevalier de la Légion d'honneur.

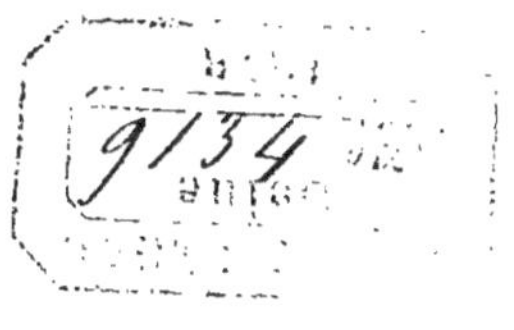

EXTRAIT DU

MONITEUR DE LA POLICLINIQUE

(*Le Médecin*)

61, RUE DE LAFAYETTE, 61

—

1878

AVANT-PROPOS

Le Mémoire qu'on va lire a été écrit à l'occasion du Congrès international des médecins aliénistes qui a été tenu à Paris du 5 au 12 août 1878.

Mon but est, comme on le verra par mes conclusions, de montrer la nécessité de séparer l'administration d'avec la politique.

Mais je ne pouvais le faire sans signaler les inconvénients et les abus engendrés par l'état de choses actuel. De là, la nécessité de critiquer l'institution des inspecteurs généraux et son mode de fonctionnement.

Par égard pour l'administration, j'avais cru devoir, devant nos collègues étrangers, n'exposer mes critiques que sous forme de simples hypothèses ; mais, précaution vaine ! à peine quelques pages de mon Mémoire avaient été lues, que certains membres se sont récriés comme si j'eusse montré une photographie ; ils ont bruyamment demandé que la parole me fût retirée, et, chose inouïe dans un congrès, qui n'a d'autre raison d'être que la libre discussion de toutes les opinions et de tous les systèmes, la parole m'a été retirée.

Voilà pourquoi je publie aujourd'hui ce Mémoire et pourquoi

j'y joins des notes explicatives, que je me serais gardé de publier en d'autres circonstances. Mais on m'a forcé à me défendre.

Je me plais à déclarer que, durant trente-trois ans que j'ai passés dans les Asiles d'aliénés comme administrateur et comme médecin, je n'ai eu à me plaindre personnellement que d'un seul inspecteur général. Je n'ai aucun motif d'en vouloir à ses collègues; et mes critiques, que je maintiens pourtant ici, s'adressent bien moins à leurs personnes qu'à l'institution vicieuse dont ils sont, aussi bien que le ministre lui-même, les instruments et, suivant moi, les premières victimes.

Alençon, 23 août 1878.

H. Belloc.

LA

CENTRALISATION ADMINISTRATIVE

ET L'ADMINISTRATION

DES ASILES D'ALIÉNÉS

La loi du 30 juin 1838 s'exprime ainsi :

« *Art*. 2. Les établissements publics consacrés aux aliénés
« sont placés sous la direction de l'autorité publique. »

« *Art*. 3. Les établissements privés consacrés aux aliénés
« sont placés sous la surveillance de l'autorité publique. »

Le projet présenté à la Chambre des députés attribuait franchement la direction et la surveillance des asiles *au gouvernement*; et c'est après discussion que la Chambre a substitué au mot gouvernement les mots « autorité publique »; d'où l'on voit qu'elle ne regardait pas les deux expressions comme synonymes.

On pouvait se demander, et l'on s'est demandé, en effet, ce qu'était cette autorité publique qui devait diriger les Asiles publics et surveiller les Asiles privés; et, par le temps de centralisation à outrance qui régnait alors, la réponse ne s'est pas fait attendre : la loi une fois votée, le gouvernement a dit : L'autorité publique, c'est moi!... et c'est assez.

Voilà donc le gouvernement de la France directeur d'asiles d'aliénés.

C'est en cette qualité qu'il rendit l'ordonnance du 18 décembre 1839. Cette ordonnance, parmi des dispositions judicieuses et équitables, introduit la nomination et la destitution des directeurs par le ministre de l'intérieur sans aucun contrôle d'aucune sorte, ce qui enlève toute garantie à l'administration locale ; elle impose, en outre, aux asiles, les règles de la comptabilité des hospices, qui est, pour les asiles, un obstacle à tout mouvement, à tout développement du travail, dont nul, alors, ne soupçonnait l'importance, ni sous le rapport moral, ni sous le rapport des intérêts matériels.

Tout principe doit, tôt ou tard, — produire ses conséquences logiques : avec le temps, les fruits de l'arbre se développèrent peu à peu, malgré les révolutions, malgré les changements des formes du gouvernement ; et finalement, le même gouvernement qui, pour motiver le décret du 25 mars 1852 sur la décentralisation administrative, avait invoqué le principe devenu célèbre: « On n'administre bien que de près, » en arriva, le 20 mars 1857, à prescrire un modèle de règlement du régime intérieur qui trace avec un soin minutieux les détails les plus infimes du service, depuis le régime alimentaire et les époques où l'on doit substituer le couchage d'hiver au couchage d'été sans distinction de climat, jusqu'au mode de suspension des rideaux de lit, et même, jusqu'aux punitions à infliger aux employés de tout ordre — les religieuses exceptées, bien entendu.

Je n'abuserai pas des moments du Congrès en indiquant en détail les articles de ce règlement qui sont futiles, ou odieux ou inexécutables(1); il me suffira, pour mon objet, d'indiquer théoriquement, par les grandes lignes, les conséquences adminstratives qui découlent de la combinaison du règlement avec les données politiques de l'ordonnance du 18 décembre 1839.

Il est évident que, pour régler ainsi les détails d'un service éparpillé sur tous les points de la France, le gouvernement n'aura d'autre moyen que l'institution d'inspecteurs généraux. C'est, en effet, des inspecteurs généraux que dépendra, en pra-

---

1. Voir note, p. 15.

tique, toute l'administration des Asiles. Eh bien, — et je prie de ne pas oublier que je parle ici au point de vue exclusivement administratif, — j'ose dire que l'organisation et le mode de fonctionnement de ce service, par cela seul qu'il sera destiné à mettre le gouvernement en mesure *d'administrer de loin*, produiront, tout compensé, des résultats contraires à ceux que la loi s'est proposé d'atteindre, et qui sont : le plus grand avantage des établissements et le plus grand bien des malheureux que ceux-ci renferment.

En effet, les inspecteurs généraux, dans la donnée d'un gouvernement directeur, ne seront pas seulement, comme ils devraient l'être, l'œil du ministre, pour lui montrer de quelle façon dans chaque Asile est exécutée la loi; ils seront, en outre, ses conseils et ses seuls conseils possibles, pour les améliorations à introduire et pour les réformes à faire. On peut dire que, par ce dernier côté de leurs fonctions, ils dirigeront le ministre qui dirigera les Asiles. Or, et ceci est dans la nature des choses, les inspecteurs généraux seront loin de partager tous la même manière de voir, ils auront chacun leur façon particulière d'envisager les défauts des établissements et ils différeront, par conséquent, sur les moyens d'y remédier.

Voilà donc que l'œil du ministre, loin d'être simple, sera double, ou triple, ou quadruple, c'est-à-dire nécessairement faux, et que, sans autre cause que celle-là, nous aurons, tous les ans, le lamentable spectacle d'un haut fonctionnaire de l'État, d'un ministre de l'intérieur de la France signant, nécessairement à l'aveugle, des critiques ou des instructions contradictoires entre elles, dont aucune ne tiendra compte de celle qui l'aura précédée ; des projets d'acquisitions, de ventes, de démolitions, de constructions, destructifs des projets approuvés l'année précédente, etc., etc. (2); le tout trop souvent entaché d'erreurs matérielles inqualifiables, ou d'erreurs scientifiques... que la signature d'un ministre n'a pas la vertu de transformer en vérités (3);

______

(2) Voir note, p. 16. — (3) Note, p. 19.

si bien que certains conseils généraux, justement préoccupés des intérêts de leurs départements, voyant ces titubations déplorables, n'oseront pas, le plus souvent, prendre un parti décisif, au risque de voir, l'année suivante, leur œuvre blâmée par l'autorité même qui en avait prescrit ou approuvé l'exécution, et ajourneront indéfiniment les améliorations les plus urgentes.

Que de projets utiles pourront être ainsi arrêtés par une intervention inopportune (4)! Premier résultat.

D'un autre côté, les inspecteurs généraux, qui auraient besoin de tout connaître, puisqu'ils doivent donner au ministre les moyens de tout diriger; qui ne pourront disposer, pour cela, que de quelques jours, ou même de quelques heures pour chaque Asile, et qui, en outre, ignoreront les habitudes, les traditions et les difficultés locales, les inspecteurs, dis-je, se croiront obligés d'employer à la hâte tous les moyens possibles d'information. Donc, soit par suite d'instructions particulières du ministre, et qui auront, ostensiblement ou non, la politique pour objet, soit dans un désir de s'éclairer, plus louable dans son but que dans ses moyens, les inspecteurs généraux ne dédaigneront pas de se renseigner, en arrière du directeur, auprès des subalternes, qu'ils chargeront ainsi d'un rôle que je ne veux pas qualifier ; ils accueilleront, sans contrôle, des accusations, des insinuations quelquefois très graves et presque toujours erronées ou calomnieuses, comme tout ce qui est clandestin, et... voilà sur quoi, sans en rien dire au directeur, ils rédigeront, le soir même, le rapport qu'ils envoient au ministre sur l'état des choses et sur la valeur du personnel (5).

Et le directeur, qui, le plus souvent, est, en même temps, le médecin, et de qui dépendent bien un peu le bien-être des malades et la prospérité de l'établissement, le directeur, après quelques semaines ou quelques mois, sera tout étonné de recevoir du ministre des reproches ou des recommandations qui lui tomberont comme des nues ; que rien, dans le langage de l'inspecteur,

---

(4) Voir note, p. 20. — (5) Note, p. 21.

ne lui avait fait pressentir, qui lui seront adressés sans la moindre trace de preuves, sans le moindre signe d'hésitation, comme choses absolument inniables, et contre lesquelles il n'aura pas le droit de protester, même avec le plus grand respect et sans manifester l'indignation que ces procédés étonnants soulèvent dans tout esprit droit et dans tout cœur honnête ; et il saura que plusieurs de ses collègues ont été frappés dans des circonstances semblables, ou même sans qu'on ait daigné leur dire ce qu'on croyait avoir à leur reprocher, et que de là peut dépendre son avenir et celui de sa famille, et le sort d'un établissement qu'il aime pour lui avoir consacré, pendant des années, tous ses soins, toutes ses peines et toutes ses aptitudes. Croit-on que ce soient là des moyens efficaces de stimuler son zèle pour les améliorations et d'affermir son courage dans les luttes qu'il a, trop souvent, à soutenir contre les difficultés locales, soit dans l'intérêt de l'asile qu'il dirige, soit même dans celui de l'autorité qui le frappe, tout en recueillant le fruit de ses travaux ?

Qui pourrait, dès lors, lui reprocher de l'apathie, s'il avait le malheur de s'y laisser glisser par suite de découragement ? Deuxième résultat.

Et que sera-ce, si l'on joint à cela l'indépendance des religieuses (6), que la lettre du règlement et des traités repousse, mais que les instructions ministérielles, *toujours dans un but politique* consacrent dans la pratique ? Après les tiraillements d'en haut, les tiraillements d'en bas, qui sèment les compétitions, les résistances, les réclamations injustes ou déraisonnables, et, finalement, une anarchie contre laquelle les directeurs, non sans grand danger pour eux-mêmes, seront ensuite obligés de lutter, perdant ainsi un temps précieux, qui pourrait être utilement employé à la prospérité des Établissements et au bien-être des malades.

Voilà l'unité résultant de l'intervention du gouvernement par

---

(6) Voir note, p. 22.

l'intermédiaire obligé des inspecteurs généraux. Troisième Résultat.

Est-il juste, est-il raisonnable de mettre dans la même main des intérêts opposés, surtout quand l'un des deux est en mesure d'opprimer l'autre? Toute la question est là.

Quand un gouvernement se charge d'administrer des Asiles d'aliénés, doit-on s'étonner qu'il rejette cette infime besogne sur un plan secondaire pour s'occuper des intérêts politiques, qui ont une toute autre importance à ses yeux et à la garde desquels il est spécialement préposé? Or, ce qu'il ne fait pas, ce qu'il ne peut pas faire, doit cependant être fait; et voilà quatrième et déplorable résultat, des intérêts sérieux, financiers et matériels, des intérêts moraux de premier ordre, confiés à des agents anonymes et irresponsables, c'est-à-dire en danger de mort; voilà la racine principale des réclamations persistantes qu'on entend de toutes parts contre la centralisation administrative, ce rouage inconnu de tous les peuples soucieux de leur liberté.

Quand je dis : en danger de mort, je sens bien qu'une affirmation si grave appelle des preuves; voici donc — et c'est par là que je termine — un exemple frappant des conséquences que peut engendrer et qu'engendre la confusion des fonctions gouvernementales avec les fonctions administratives.

Je montrerai dans le mémoire relatif à la législation, les difficultés qu'apportent les articles 13 et 17 de la loi du 30 juin 1838 à la sortie des aliénés mineurs ou interdits; ici, il ne s'agit plus de difficultés, mais *d'impossibilité absolue*, et cette impossibilité, ne touche plus seulement les mineurs et les interdits, elle frappe tous les aliénés séquestrés, *sans aucune exception;* elle condamne, en fait, tout aliéné séquestré à la réclusion perpétuelle. Et qui l'a édictée? tout simplement un article du règlement du régime intérieur, de ce règlement du 20 mars 1857 qui est obligatoire pour tous les Asiles.

Ce règlement, en effet, porte :

« ART. 125. Les alienés dont la sortie est permise ou or-

« donnée ne peuvent être remis qu'aux ayants droit sur leurs
« personnes, ou à des représentants dûment autorisés.

« Ne seront également remis qu'aux ayants droit, ou à leurs
« représentants, et seulement sur décharge écrite, les objets de
« toute nature appartenant aux malades sortants. »

Ainsi, voilà qui est bien entendu, nulle sortie possible sans la
présence de *l'ayant droit* ou de son représentant.

Or, je me demande : qu'est-ce qu'un *ayant droit* sur la personne d'un aliéné non interdit ?

Je me demande, à plus forte raison, qu'est-ce qu'un *ayant
droit* SUR LA PERSONNE D'UN CITOYEN QUI, NON-SEULEMENT N'EST
PAS INTERDIT, MAIS QUI N'EST PLUS ALIÉNÉ, c'est-à-dire, QUI N'EST
PAS ALIÉNÉ?

Cet *ayant droit*, inventé par l'article 125, n'existe nulle part ;
il n'a jamais existé, Dieu merci ! depuis l'abolition de l'esclavage,
et, dès lors, si l'on veut exécuter le règlement, que devra-t-on
faire du citoyen français ayant eu le malheur d'être admis, justement ou non, volontairement ou d'office, dans un Asile
d'aliénés?

On le voit donc, comme je le disais plus haut, ce que la loi n'a
pas fait, ce que le législateur s'est bien gardé de faire, peut être
fait d'un trait de plume par le gouvernement, c'est-à-dire par le
ministre, c'est-à-dire par *les bureaux* du ministère. D'un trait
de plume, *les bureaux*, qui n'ont jamais vu ni un aliéné, ni un
Asile d'aliénés, qui paraissent même ignorer les plus simples éléments du code civil, qui n'ont ni personnalité ni responsabilité,
les bureaux, dis-je, emportés par le désir et par l'habitude de
faire sentir la toute-puissance de leur patron, quel qu'il soit, et
dont ils s'enorgueillissent de montrer le reflet sur eux-mêmes,
ont pu ici effacer de la loi tous les articles relatifs aux sorties
et, sans le moindre scrupule, avec une légèreté qu'on ne saurait
blâmer trop sévèrement, supprimer la liberté individuelle et le
droit des familles.

Qui posera leur limite s'ils s'estiment en droit d'aller jusque-là
et d'y persévérer malgré toutes les réclamations? et quelle auto-

rité locale oserait jamais se permettre de telles violations de la loi?

Dans la pratique, les préfets et les directeurs, placés entre la violation de la loi et la violation du règlement, ont bien été forcés de regarder cet étonnant article 125 comme nul et non avenu; et c'est là la critique la plus amère qu'il soit possible de faire d'une prescription de l'autorité.

Je n'ajoute ici aucun commentaire : chacun peut juger maintenant si ce que j'ai avancé est entaché d'exagération.

CONCLUSION

Tant que les Établissements seront régis par une autorité éloignée et sans contrôle, qui, d'un moment à l'autre, peut avoir ou peut croire avoir intérêt à les sacrifier (7);

Tant que les directeurs devront faire acte d'une sorte d'héroïsme en soutenant les intérêts des Asiles contre leur propre intérêt, qui est de plaire au ministre et à ses agents;

L'administration de ces propriétés départementales, fondée sur des bases contradictoires, ne produira pas, ou ne produira que très imparfaitement le bien qu'on est en droit de lui demander; c'est là une question de simple bon sens.

D'où l'on doit conclure à la séparation absolue de l'administration d'avec la politique.

Espérons que nos collègues étrangers, moins habitués que nous au gouvernementalisme administratif, sauront nous indiquer, au grand profit des aliénés français, des Asiles et des départements eux-mêmes, les moyens de nous guérir de notre myopie séculaire et de nous préserver, à l'avenir, des erreurs et des fautes qu'elle nous a fait commettre.

Alençon, 4 août 1878.

Dr H. BELLOC, d'Auxerre.

---

(7) Voir note, p. 25.

NOTES JUSTIFICATIVES

NOTE 1, page 8.

(1) Futiles? je viens d'en citer.

Odieux? on en verra plus loin, et je recommande à ce sujet ce que j'ai dit sur le service des religieuses et surtout la dernière partie du présent mémoire relative à l'article 125 du règlement.

Inexécutables? Voyons :

Se figure-t-on un cuisinier attendant, chaque matin, pour mettre son pot-au-feu et ses casseroles sur les fourneaux, que l'économe, après calculs gramme par gramme, d'après neuf tableaux compliqués, lui ait livré la quantité d'aliments nécessaire à chaque catégorie de consommateurs et la quantité de condiments, beurre, graisse, crème, œufs, sel, poivre, épices, moutarde, huile, vinaigre, etc., etc., nécessaire, suivant le tarif, à chaque quantité et à chaque catégorie de mets, le tout résumé dans un tableau de *quatre-vingt-cinq colonnes*, de 90 centimètres de largeur au moins, absolument inintelligible et, par conséquent, inexécutable, que le malheureux cuisinier devra avoir sans cesse devant les yeux?

Voilà pourtant ce qu'il faudrait faire si l'on voulait exécuter le règlement.

On pense bien que, dans la pratique, nul ne fait attention à ces amusettes. Le pot-au-feu bout, les casseroles chantent, les légumes cuisent longtemps avant que l'économe soit sorti du lit, et les repas peuvent, alors, être servis à point nommé.

Et jamais aucun inspecteur général, c'est là une justice que je me plais à leur rendre, n'a porté son attention sur ces puérilités.

C'était bien la peine de faire intervenir un ministre!

Ah! Messieurs Labitte, mes chers et honorés confrères, si vous administriez ainsi, il y a longtemps que, si grosse qu'elle eût été au début, votre cloche serait fondue.

Mais c'est le modèle d'inventaire qu'il faut voir!

Il ne s'agit pas ici d'inventorier les objets par catégories, mais individuellement et un par un. De telle sorte que, pour inventorier, par exemple, douze douzaines de bonnets de coton, il faudrait inscrire cent quarante-quatre articles comprenant chacun :

1° La désignation du bonnet;

2° Le numéro que le bonnet portait l'année précédente;

3° Le numéro qu'il porte à l'inventaire actuel;

4° La date de l'achat (à rechercher sur le précédent inventaire) ;

5° Le prix de l'achat (id.   id.   ) ;

Ce n'est pas trop, je pense, que de consacrer moyennement pour cela deux minutes à chaque article.

Or dans un asile de moyenne importance, comme l'asile de l'Orne, par exemple, il y a très approximativement trente-huit mille articles. Cela exigerait donc soixante-seize mille minutes, c'est-à-dire mille deux cent soixante heures, et emploierait, par conséquent, pendant deux cent cinquante-deux jours (neuf mois et demi); 1° l'économe; 2° un employé aux écritures; 3° deux domestiques; 4° un membre de la Commission de surveillance; 5° le directeur à un travail assidu de cinq heures par journée.

Et c'est un ministre de l'intérieur qui prescrit cela! et qui prescrit de le faire A LA FIN DE L'ANNÉE.

« Malheureuse France! malheureux roi! »

NOTE 2, page 9.

(2) Exemples :

En **1841**. Le conseil général de l'Orne, le préfet, le conseil des bâtiments civils et le ministre de l'intérieur approuvent le plan proposé pour l'Asile départemental des aliénés.

De **1841** à **1862**. Les inspecteurs généraux ne proposent à ce plan que quelques modifications de détail exigées par l'accroissement de la population. Le ministre continue d'approuver.

En **1863**. Un inspecteur général a, comme il le dit, « une idée » que voici : On ne fera jamais rien de bon de l'Asile. La prison d'Alençon de son côté, ne vaut pas grand'chose. Il faut abandonner la prison, approprier à son usage une partie des bâtiments de l'Asile, qui feraient une prison excellente; vendre les terrains inutiles à la prison (lesquels? la prison étant trop étroite n'a pas de terrains inutiles; c'est donc de la démolition d'un monument historique qu'il s'agit) avec le prix de ces terrains *qui ont moins de 30 ares les bâtiments compris*, acheter à quelques kilomètres de la ville 50 à 60 HECTARES de terre, dans lesquels on construirait un Asile nouveau, en y transportant la plus grande partie des matériaux de l'Asile démoli.

M. le ministre de l'intérieur contre-signe.

1868. Autre rapport d'un autre inspecteur général. Il n'est plus question de prison; mais il faut reconstruire l'Asile en petits pavillons isolés dans un terrain de 30 à 40 hectares (ce n'est plus 50 à 60) qu'on achèterait à 3 ou 4 kilomètres de la ville, et qu'on paierait avec le prix de la vente de l'Asile actuel et de son enclos. (?)

Le ministre de l'intérieur qui a approuvé les constructions considérables faites depuis 1855 et l'achat de l'enclos de 12 hectares en 1857, approuve en 1868 la démolition des constructions et la vente de l'enclos acheté; et contre-signe.

1868. En attendant la démolition ou l'abandon de l'Asile, le ministre approuve la construction d'une buanderie et d'un lavoir qui doivent coûter plus de 50,000 francs.

1876. Il n'est plus question de démolir l'Asile, ni de le déplacer sous prétexte qu'il *est trop près des habitations du faubourg*, mais il faut en changer le plan primitif. A cet effet, on construit un dortoir de soixante lits sans corridor de service *et qui rapproche les bâtiments de l'Asile des habitations du faubourg*.

Le ministre de l'intérieur approuve.

1866. Un inspecteur général trouve judicieuses les appropriations proposées par le directeur pour remplacer les bâtiments qui venaient d'être enlevés à l'Asile par le Dépôt de mendicité.

Le ministre de l'intérieur contre-signe l'éloge.

1876. On démolit tout ce qui était nécessaire à ces appropriations.

Le ministre de l'intérieur approuve.

En comptabilité même unité de vues :

En **1857.** Le règlement prescrit contre toutes les règles de la comptabilité, de faire tenir le registre de la comptabilité du pécule des aliénés travailleurs *par l'Économe;* je le fais, après observations dédaignées et à mon grand regret, tenir par l'économe.

En **1863.** Un inspecteur blâme (avec raison) la tenue de ce registre par l'économe et veut avec raison encore, qu'il soit tenu par le receveur ;

Le ministre approuve le règlement de 1857 et la prescription de 1868 qui le blâme.

RÉSUMÉ :

De 1841 à 1863. Le plan est bon. Il faut en hâter l'exécution.

1863. Le plan est mauvais ; il faut l'abandonner et transformer l'Asile en prison.

1868. Il ne faut pas transformer l'Asile en prison, mais le vendre et le transporter ailleurs.

1863. Il faut acheter 50 à 60 hectares de terrain pour y rebâtir l'Asile.

1868. Il n'en faut acheter que 30 à 40 hectares.

1863. On paiera les 50 à 60 hectares avec le prix des 30 ares (je dis 30 ares) provenant de la vente de la prison.

1857. Il faut acheter un enclos de 12 hectares.

1868. Il faut revendre l'enclos de 12 hectares avec les bâtiments de l'Asile et payer les 30 à 40 hectares avec le prix de la vente.

1868. Il faut construire une buanderie et un lavoir de 50,000 fr. dans le terrain qu'il s'agit de vendre.

1873. Il faut changer les dispositions de ladite buanderie, ce qui rend inutile un tiers des constructions élevées en 1868 et impossible le lavage des draps dans la buanderie neuve.

1876. Il ne faut plus démolir l'Asile ni le déplacer mais en changer le plan.

1868. L'Asile est trop près des habitations de la ville voilà l'une des raisons pour lesquelles il faut le placer ailleurs.

1876. Il faut construire un corps de bâtiment plus rapproché que les autres des habitations de la ville et comprenant un dortoir de soixante lits sans corridor de service (a). C'est fait.

1866. Les appropriations proposées par le directeur pour remplacer les bâtiments pris pour le dépôt de mendicité sont bonnes.

1876. Ces appréciations sont mauvaises ; il faut démolir les bâtiments qui sont nécessaires à leur exécution.

1857. Le registre de pécule doit être tenu par l'économe.

(a) Un dortoir de 60 lits sans corridor de service pour des femmes aliénées !! O ministre, qu'approuvez-vous! O inspecteurs généraux, à quoi servez-vous!

1868. Il doit être tenu par le receveur et non par l'économe.

Et à quand la fin? Ne croirait-on pas entendre les projets d'un homme ivre?

O unité! ô bienfaits économiques de l'administration à distance! O césarisme!

Et où est le ministre, où est l'inspecteur général qui voudrait soumettre son patrimoine à un tel régime?

Je le demande; mais on ne répondra pas.

NOTE 3, page 9.

(3). Ici il faut citer textuellement la prose de M. l'Inspecteur général :

1863. « Il faudra, à mon avis, remanier le projet primitif de
« 400,000 francs; ce projet serait beaucoup moins cher s'il ne com-
« portait que le nécessaire.

« Un des bâtiments qui y est prévu est déjà exécuté; j'y ai vu,
« à l'étage, neuf poutres de 60 centimètres d'équarrissage pour
« supporter la toiture seule. Ces neuf poutres ont dû coûter au
« moins 2.500 francs. Avec le tiers de cette somme on aurait pu
« faire aussi bien et même mieux, car ces « si grosses » poutres
« surchargent fort inutilement les murs. »

« Au rez-de-chaussée j'ai vu une galerie de colonnes (*une galerie*
« *de colonnes!*) en pierre de taille dont le but principal a été de
« permettre de donner à l'étage plus de largeur qu'au rez-de-
« chaussée pour y faire un large corridor qui ne sert à rien, qu'à
« donner la tentation, *à laquelle on cède toujours*, d'y placer des
« lits supplémentaires. »

Voilà M. le ministre de l'intérieur bien et savamment renseigné sur le mérite intellectuel de ses prédécesseurs;

Seulement :

1° Les neuf poutres sont au nombre de huit.

2° Elles n'ont pas 60 centimètres d'équarrissage mais 0.30 sur 0.30, précisément le quart du volume des *poutres* que M. l'inspecteur général a dans l'œil.

3° Par conséquent, elles ne surchargent pas les murs.

4° Elles n'ont pas coûté *au moins* 2.500 francs. Elles ont coûté à raison de 80 francs le mètre cube 460 francs 80.

5° Elles ne portent pas la toiture, car jamais poutre n'a porté une toiture.

6° Ce ne sont pas des poutres, mais des entraits.

7° Ces entraits, loin de porter la toiture, sont supportés par la toiture, suivant l'usage connu de tout apprenti charpentier.

8° Le premier étage n'a pas plus de largeur que le rez-de-chaussée, ce qui serait idiot.

9° Le corridor sert, au premier étage, comme au rez-de-chaussée, à desservir les dortoirs sans troubler ceux qui y sont couchés.

10° On n'a jamais cédé à la tentation, qu'on n'a jamais eue, d'y établir des lits supplémentaires.

A cela près, il n'y a rien à dire au rapport de M. l'inspecteur général, sinon que tous ses collègues ont approuvé pendant 22 ans les dispositions qu'il critique et que l'un d'eux a trouvé trop faibles les mêmes *poutres* qu'il trouve trop grosses.

Et voilà sur quels éléments est obligé de statuer un ministre de l'intérieur, pour assurer la bonne administration des Établissements dont il s'est déclaré directeur général. Voilà ce qu'il contre-signe.

NOTE 4, page 10.

(4) Exemple :

En **1857**. Le département achète, pour être annexé à l'asile, un enclos de 12 hectares dans lequel est inclus une maison de maître, avec écuries, remises, hangars, grange, etc. Cette maison est destinée, lors de l'achat, à établir un pensionnat pour quatre, cinq, ou six pensionnaires *hors classe*, qui serait là dans une situation admirable.

Coût présumé de l'appropriation 2.000 francs.

En **1859**. Visite d'un inspecteur général. Celui-ci approuve de la voix ; mais ne comprenant pas, ou ne voulant pas comprendre, pour s'attribuer le mérite d'une invention, il fait un rapport à la suite duquel le ministre enjoint d'établir là non plus un pensionnat hors classe, mais un pensionnat pour toutes les classes d'aliénés au nombre de quarante. C'est un petit Asile à construire à 500 mètres du grand.

Alors, programme du directeur désolé ; plan et devis de l'architecte ; coût présumé 63 à 65.000 francs !!!...

Tout est arrêté.

1863. La maison et ses dépendances étant sans emploi, sont converties par un nouveau préfet en Dépôt de mendicité.

Résultat pour l'Asile de la visite de M. l'inspecteur : diminution de son terrain et annulation d'une ressource sur laquelle il comptait.

NOTE 5, page 10.

(5) Ici pour être croyable, il faut citer le texte, le voici :

« Depuis 1832, un officier de santé, M. Renault, remplit les fonc-
« tions d'interne avec un traitement de 1,200 fr. et 300 fr. d'indem-
« nité de logement. Souvent indisposé ou absent, M. Renault est,
« de plus, d'une incapacité notoire, et, quand il est absent, et que
« le médecin en chef se trouve lui-même empêché, c'est le surveil-
« lant en chef qui fait la visite dans tous les quartiers et signe les
« ordonnances. Cet abus sans exemple (on le croit sans peine)
« devra immédiatement cesser. »

Voilà deux hommes jugés en deux phrases. Mais, qui vous a dit,
Monsieur l'inspecteur général, que M. Renault fût souvent indisposé
ou absent? Vous ne l'avez javais vu et vous ne m'avez jamais parlé de
lui, à moi, qui étais le chef direct de son service. Auprès de qui donc
preniez-vous, en arrière de moi, les renseignements sur lesquels
vous bâtissiez vos rapports? Osez donc le dire !

C'était bien la peine de tant faire l'indigné, au congrès, quand je
donnais à entendre que vos façons de faire transformaient certains
employés subalternes en véritables mouchards ! Et c'est pourtant là-
dessus qu'une majorité, mi-partie de compères et de naïfs, a osé,
devant des confrères étrangers, retirer la parole à un membre d'un
congrès international !

La vérité est que M. Renault a été très rarement indisposé ou
absent, et qu'il venait très régulièrement chaque matin faire son
service. Je n'ai pas ici à m'expliquer sur ses capacités ; on ne me le
demande pas.

Quant aux visites médicales faites par le surveillant en chef, et à
la signature des ordonnances par cet ancien sous-officier (oh !)
c'est là, tout simplement, un mensonge indigne, une calomnie
avec préméditation. Je dis avec préméditation : car quelle autre
explication donner à votre conduite ?

Comment! cette faute énorme — dont, pour le dire en passant,
vous n'eussiez pu, en aucun cas, avoir connaissance en arrière de
moi que par des moyens dignes de la rue de Jérusalem, — cette
faute, vous n'êtes pas accouru à mon cabinet pour me la reprocher,
pour m'en convaincre les cahiers de visite à la main ! Vous ne
m'avez parlé de rien; sachant ce que vous méditiez de raconter au
ministre sur mon compte, vous avez continué de me parler le sou-

rire aux lèvres et, j'ai honte de le dire, oui ! j'en ai honte pour vous et pour moi, VOUS AVEZ QUITTÉ L'ASILE EN ME SERRANT LA MAIN ; Voilà la vérité. Que diront à cela vos souteneurs du congrès international ?

D'ailleurs, aussitôt que j'eus connaissance de votre rapport, j'ai convoqué la commission de surveillance ; j'ai mis les cahiers de visite sous ses yeux ; elle a reconnu le mensonge et l'a constaté dans le livre de ses délibérations. .

En outre, le membre du conseil général chargé de l'inspection de l'Asile a fait la même constatation ; il l'a déclaré à haute voix devant le conseil général à qui il a raconté avec entrain, l'histoire de votre entrée dans les fonctions d'inspecteur général. C'est là que je l'ai apprise. Je vois encore la scène ; c'était dans le dortoir aux poutres, et précisément sous ces fameuses poutres de 60 centimètres d'équarissage qui soutiennent la toiture et qu'on venait de mesurer sous les yeux du Conseil. Les uns ont ri, les autres ont levé les épaules ; le plus grand nombre a ri en levant les épaules.

Mais je connais quelqu'un qui n'aurait pas ri : c'est le contribuable voyant dans quelles poches tombe quelquefois l'argent qu'il a tant de peine à gagner.

Les poutres sont là ; la délibération de la commission de surveillance est là ; et, depuis quinze ans, les cahiers de visite sont dans mon grenier et vous attendent, monsieur l'officier de la Légion d'honneur.

NOTE 6, page 11.

(6) Voici :

Le règlement de 1857 porte : « Il est expressément défendu aux infirmiers et infirmières de maltraiter les malades. »

J'ajoute aux mots infirmiers et infirmières les mots : *et aux religieuses*. Le ministre biffe ces mots à l'encre rouge.

Le règlement ajoute : tout infirmier ou infirmière convaincu d'avoir frappé un malade, sera immédiatement renvoyé.

J'ajoute : *si ce n'est en cas de légitime défense*, ces derniers mots sont effacés à l'encre rouge.

Ainsi, si la faute est commise par un infirmier ou une infirmière, renvoi immédiat sans circonstances atténuantes ; si elle est commise par une religieuse, rien.

Comme application : j'ai été obligé de faire je ne sais combien de rapports et je ne sais combien de voyages à la préfecture pour obtenir le simple changement d'une religieuse qui appliquait la camisole à tort et à travers et qui m'avait déclaré en pleine visite, qu'elle continuerait de l'appliquer sans moi et malgré moi.

A deux ans de là, en 1863, à la suite de la visite d'un inspecteur général, le ministre de l'intérieur me « *recommande d'une manière* « *toute particulière de ne rien négliger pour éviter des difficultés* « *avec les sœurs.* »

Alors flairant un traquenard, je demande à M. l'inspecteur général par une lettre très détaillée en date du 19 janvier 1864, qu'il veuille bien me faire adresser des instructions sur les points suivants :

Faut-il, exiger, conformément au règlement :

« 1° Qu'il reste au moins sept religieuses pour le quartier des « femmes (soit une religieuse par division) pendant les repas des « sœurs et pendant les offices (art. 77)?

« 2° Que la supérieure se concerte avec le directeur médecin « pour le placement et pour le déplacement des religieuses dans les « divers emplois (art. 78)?

« 3° Que la supérieure assiste à la distribution des aliments et « des médicaments (art. 81)?

« 4° Qu'elle assiste aux communications des visiteurs avec les « femmes malades (art. 81)?

« 5° Qu'elle veille à ce qu'il ne soit infligé aucune punition ni « aucune modification de régime sans l'assentiment ou sans l'ordre « du directeur médecin (art. 84)? »

M. l'inspecteur général, qui savait parfaitement qu'aucune de ces prescriptions n'était observée, ne me fait pas envoyer les instructions et ne me répond pas.

Sur quoi, commençant à connaître mon homme, je laisse aller les choses comme je lui avais déclaré qu'elles allaient.

Mais voilà qu'en 1866, un autre inspecteur général constate qu'il n'a trouvé aucun malade camisolé dans le quartier des hommes et qu'il a vu 12 camisolées dans le quartier des femmes. Alors le ministre écrit « *qu'il ne saurait tolérer la continuation de cet* « *abus.* »

Mais *cet abus* qui indignait le ministre en 1866, c'était précisément la mise en pratique de la recommandation faite par le ministre en 1863.

Dès lors, c'était bien le cas de m'envoyer les instructions précises que j'avais demandées pour empêcher la naissance de *cet abus !* et pourquoi ne me les envoyait-on pas? C'est odieux. Et si ce n'était qu'odieux !.....

Pourquoi ? hélas! c'est que, pour le ministre d'un gouvernement autoritaire et dynastique, que celui-ci s'appelle Charles X ou Louis-Philippe, ou Bonaparte, la politique autoritaire et dynastique doit logiquement tout dominer et domine tout et qu'il est plus commode de déplacer ou de destituer un fonctionnaire que d'avoir *des difficultés avec les religieuses ;* c'est là une nécessité de la situation. Hélas ! la politique ici passe avant tout ! même avant la justice, même avant l'intérêt des établissements et des malheureux que ceux-ci renferment.

DIALOGUE :

« — Monsieur le directeur, on emploie dans votre Asile les
« moyens de contrainte d'une manière abusive : douze camisoles
« dans le quartier des femmes quand on n'en voit aucune dans le
« quartier des hommes, c'est là un abus; et je vous enjoins de le
« faire cesser. »

— Monsieur le ministre, je ne demande pas mieux ; cependant, si mesdames les religieuses ne veulent pas qu'il cesse?

— Alors, monsieur le directeur, « *je vous recommande d'une
« manière toute spéciale,* DE NE RIEN NÉGLIGER *pour éviter des
« difficultés avec ces dames.* »

— Je vous comprends, monsieur le ministre mais, si vous voulez bien me permettre une observation :

Quand j'aurai « évité les difficultés » en employant le seul moyen possible, c'est-à-dire en fermant les yeux sur *l'abus* dont il s'agit, tout sera au mieux pour vous et pour mesdames les religieuses, c'est clair; mais... les malades, monsieur le ministre ? vous me semblez oublier les malades ;

Le bien-être, la santé, la curabilité, la vie même, quelquefois, de ces pauvres femmes, de ces jeunes filles précieuses à leurs parents, de ces mères de famille, voilà les « petits cadeaux qui entretiennent, à ce que je vois, les amitiés » dont vous croyez avoir besoin.

— La politique, monsieur le directeur, la politique !

— Eh ! oui, j'entends bien : la politique ; mais, — pardon, monsieur le ministre, si je fais une supposition cruelle, — que diriez-vous si *l'abus* tombait sur madame votre mère, ou sur madame votre femme, ou sur mademoiselle votre fille.

Répondez en vous-même et faites ensuite comme votre conscience vous le dira.

NOTE 7, page 14.

(7) Il y a, à ce sujet, une histoire (n'y en a-t-il qu'une seule ?) qu'on pourrait intituler :

« Des mésaventures de deux directeurs d'Asiles d'aliénés assez
« naïfs pour défendre l'établissement qu'ils avaient en garde contre
« les entreprises d'un électeur influent ami du sous-préfet et du
« député de l'arrondissement ;

et

« de la disparition des titres favorables à l'asile. »

Si je me reporte à une lettre qu'il m'a écrite en date du 26 septembre 1849, notre confrère Dumesnil, alors simple mortel comme moi, et maintenant inspecteur général, pourrait nous en dire quelque chose.

Et que j'en sais d'autres, qui tombent sur le dos de la politique administrative !

ÉPILOGUE

Messieurs,

Vous et moi, nous différons absolument sur le meilleur mode d'administration des Asiles.

Naturellement vous donnez la préférence au régime actuel.

Il paraîtrait, même, suivant un ouvrage récent, que vous ne demanderiez pas mieux que de l'étendre et de l'aggraver ;

Être un flambeau !

Être la lumière! et quelle lumière, dont un ministre de la République continuerait d'être l'humble réflecteur ! Vous n'êtes pas des sots.

Mais, comme, après tout, vous êtes des honnêtes gens, il serait injuste de vous rendre solidaires des tristes actes dont j'ai montré quelques échantillons.

Ce qui ne m'empêche pas de maintenir mes critiques à l'égard de l'institution dont vous êtes les agents.

Donc, pour ne parler ici que de ce qui vous est possible dans le but d'en atténuer les vices et les dangers, croyez-moi : plus de rapports secrets, plus d'informations occultes, plus de visites à aucun employé d'aucun ordre en dehors de la présence du directeur ; une expérience de 33 ans m'a montré que votre autorité et votre considération ne pourraient qu'y gagner.

Entre hommes d'honneur tout peut se faire et tout doit se faire au grand jour.

Ne parlez plus de ces « *appréciations morales* » qui, suivant une tradition invétérée dans le ministère auquel vous appartenez, exigent l'ombre et le secret. Il y a là comme une odeur de police que vous devez, pour votre dignité et pour la nôtre, éloigner de la robe doctorale.

Une *appréciation morale* glissée secrètement dans l'oreille d'un ministre ! avez-vous pensé à cela ?

Je ne crois pas vous offenser en vous demandant si vous oseriez bien exposer au ministre votre appréciation morale sur le mérite et sur le caractère de Calmeil, d'Esquirol et de Pinel.

L'affirmative serait ridicule ; mais il y a un côté de la question qui est d'une gravité tout autre :

Dans les conditions où vous êtes placés par rapport au ministre et par rapport aux directeurs-médecins, vos confrères, une appréciation morale c'est un jugement, un jugement sans appel, qui peut compromettre non-seulement la prospérité d'un établissement, mais l'intérêt et l'avenir d'une famille honorable.

Or, tout jugement prononcé en l'absence et à l'insu de celui qui est en cause est inique, quand même, par hasard, la sentence serait juste.

Songez à cela, messieurs, et ne laissez pas échapper l'honneur qui s'offre à vous, d'inaugurer avec la lumière, l'équité dans une administration qui en a si grand besoin.

Vous aurez acquis par là l'approbation et la reconnaissance du corps médical tout entier.

FIN.

Paris. — Alcan-Lévy, imprimeur breveté, 61, rue de Lafayette.

www.ingramcontent.com/pod-product-compliance
Lightning Source LLC
LaVergne TN
LVHW051126060726
842526LV00006B/1919